# Arbeitsheft 1
## zum
## Alphabetisierungskurs

von

Theodor Kuch

Text und
Graphik von

Theodor Kuch

Fotos von

Henry Bauer

Inhalt

Ball   Ball   **Ball**   Ball   Ball

Die Lehrerin oder der Lehrer spricht Wörter mit und ohne A vor. Schließe die Augen und höre genau hin, wo hörst du ein A? Sprich die Wörter laut und deutlich nach!

---

Kreuze die Wörter an, die ein A, a besitzen!

| Arm | Sport | Hase | Anna | Tor | Affe | Meer |
|---|---|---|---|---|---|---|
| O | O | O | O | O | O | O |

| Ameise | Tal | Wolke | alt | Regen | Wasser |
|---|---|---|---|---|---|
| O | O | O | O | O | O |

| Lea | rot | Ball | Ampel | Weg | Star | Ast |
|---|---|---|---|---|---|---|
| O | O | O | O | O | O | O |

---

Wo siehst du ein ein A, a? Schau dir die Wörter genau an! Kreise das A, a ein!

Ball | Arm | Wort | alt | Tor | Stamm | Star
Tina | Weg | Wald | Ast | Meer | kalt | Arbeit
Sonne | Atom | Strom | Mast | Holz | Wagen

---

Schreibe das große A und das kleine a nach!

Ast
Ball

---

Schneide das große A und kleine a aus Zeitschriften aus und klebe sie an deinen Buchstaben-Baum!

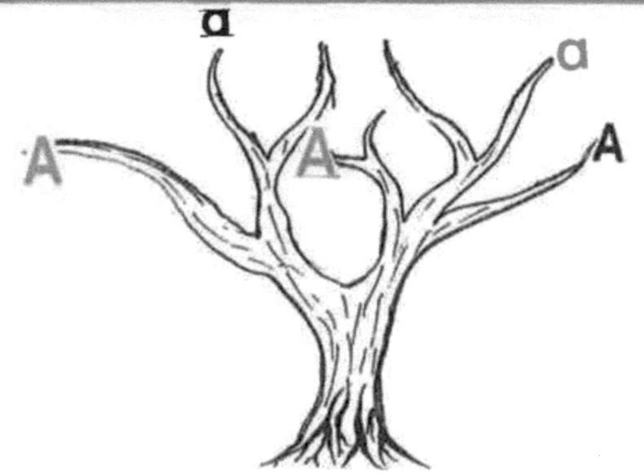

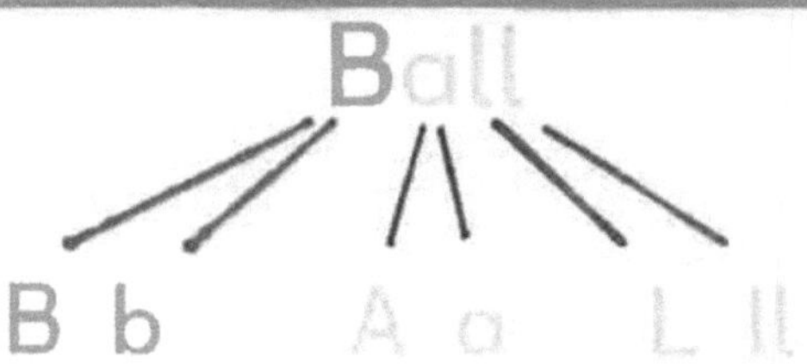

Diese drei Buchstaben kennst du vom Ball: B b, A a, L l

In welchen Wörtern hörst und siehst du ein L l ? Kreise das L l ein!

Ball   Luft   Weg   Lamm   Hals   Haar   Tal   Teller

Licht   Tafel   Stoff   Stall   Welt   Lama   Welle   Tag

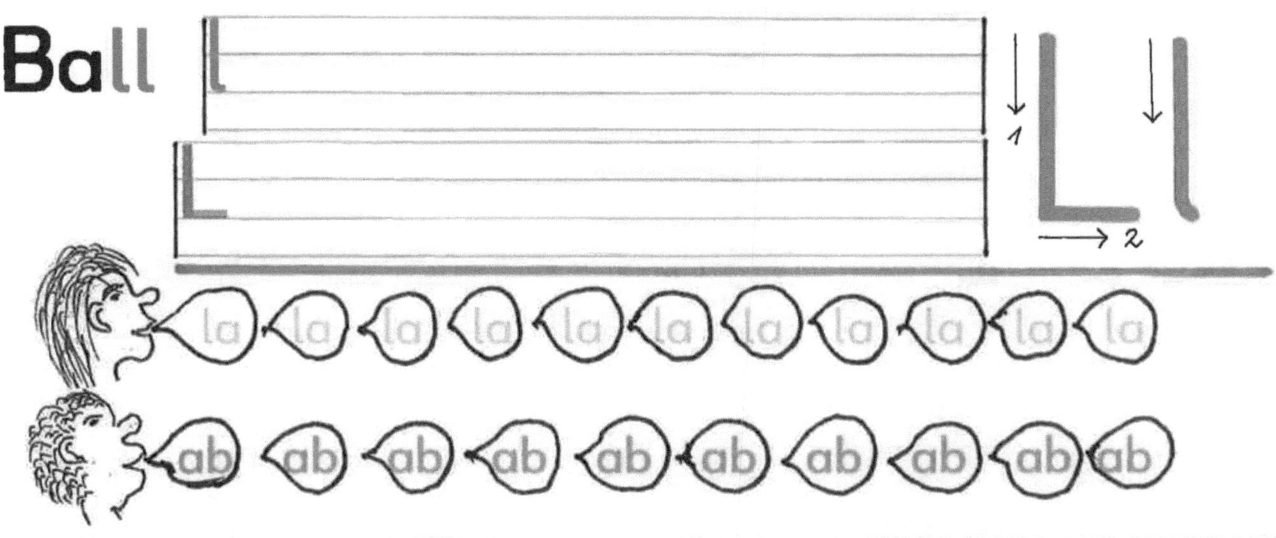

Ball

Lilli  Lilli  Lilli  Lilli  Lilli  Lilli  Lilli
i i  i i  i i  i i  i i  i i  i i
Billi  Billi  Billi  Billi  Billi  Billi  Billi
i i  i i  i i  i i  i i  i i  i i

In welchen Wörtern siehst und hörst du ein i ? Kreise das i ein!

Igel  Willi  ich  Tag  Lilli  Insel  Uli  Indien  still
Billi  Tal  Locher  Islam  Weg  Ali  Bild  Kaffee

A Al Ali Al A          #          A Al Ali Al A
l li lil lila lil li l          #          l li lil lila lil li l
L Li Lill Lilli Lill Li L  #  L Li Lill Lilli Lill Li L
B Bi Bill Billi Bill Bi B#B Bi Bill Billi Bill Bi B

T Ta Tal   T Ta Tal   T Ta Tal

In welchen Wörtern hörst du ein T? Kreise das T ein!

Till  Bart  Teller  rot  Saal  Tat  Wetter  Torte
Auto  Welle  Tafel  Regen  Start  Wasser  Tante

l la lall lallt: la la la la la la la la la
l la lall lallt: ta ta ta ta ta ta ta ta ta
l la lall lallt: ti ti ti ti ti ti ti ti ti ti ti ti

PONS

l la lall lallt T Ti Til # l la lall lallt T Ti Tilli
T Ti Till Tilli l la lall lallt. Til l la lall lallt.

 B Bl Bla Blatt    B Bl Bla Blatt  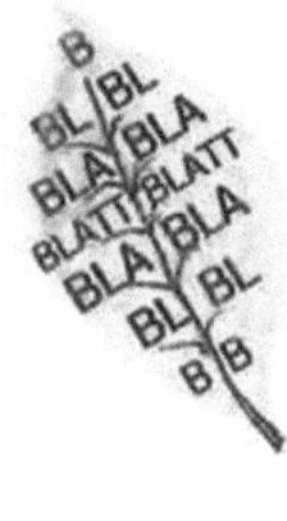

Gar ################ enzaun

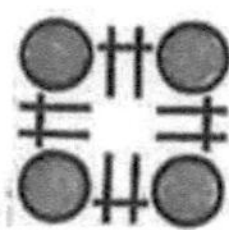  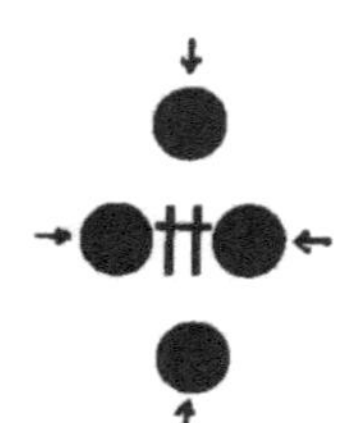

o O Ott Otto Ott o

In welchen Wörtern hörst du ein O? Kreise das O ein!

Oma   Tor   Ball   Obst   Apfel   Tomate   rot   weiß
Gold   Haus   Oli   Stift   Otto   Tilo   Maus   Opa

t to toll O Ott Otto       #     t to toll T Ti Til Tilo
T Ti Til Tilo l lo lob lobt O Ott Otto t to toll
O Ol Oli l lo lob lobt L Li Lil Lilo t to toll

O

o

Otto

l
 >obt
t

l
Ta<
 t

B
 >ob
L

T
 >ilo
L

Otto tollt    Lilo tollt    Tilo tollt

Oli tollt    Lolli tollt    Ali tollt

In welchem Wort hörst du ein S? Kreise es ein!

See   Nuss   Regen   Rest   Salat   Fuß   Fenster   Sonne
Nadel   Nest   Wasser   Tafel   Saft   Fass   Messer   Tee

S Si Siss Sissi    i is ist    s st sti still
L Li Liss Lissi    i is ist    s st sti still

S

s

S

S Si Siss Sissi   i iss isst    Sissi   i is ist s sa satt
L Li Liss Lissi   i iss isst    Lissi   i is ist s sa satt
L Li Lis Lisa     i iss isst    Lisa    i is ist s sa satt

l la lass l lo los S Si Siss Sissi    Lisa i is ist l lo los
l la lass l lo los L Li Liss Lissi    Sissi i is ist l lo los
l la lass l lo los L Li Lis Lisa      Lissi i is ist l lo los

S Si Siss Sissi l la lass L Li Liss Lissi l lo los
L Li Liss Lissi l la lass S Si Siss Sissi l lo los

s S S S S s

EEEEE
EE
EE
EEEEE
EE
EE
EEEEE

Esel

E e

In welchem Wort hörst du ein E? Kreise es ein!

Esel   Nebel   Tee   Tonne   Sand   Sonne   Meer   See
Tal   Nase   Haus   Name   Weg   Fenster   Hand   Not

Sonne   Besen   Scher   Ente   Messer   Birne   Elefant
  e        e  e       e e   E           e      e     e   E

E

e

E Ele Els Else ist still        E El Els Elsa ist satt

E El Els Else l lo lob lobt   E El Els Elsa

E El Els Elsa l lo lob lobt   E El Els Else

t to toll, E El Els Elsa, es ist so still
t to toll, E El Els Else, es ist so still

nnnnnnnnnnnnnnnnnnnnnnnnnnnnnnnnnnnnnnnnnnn
nnnnnnnnnnnnnnnnnnnnnnnnnnnnnnnnnnnnnnnnnn
nnnnnnnnnnnnnnnnnnnnnnnnnnnnnnnnnnnnnnnnn
nnnnnnnnnnnnnnnnnnnennennnnnnnnnnnnnnnnnn
nnnnnnnnnnnnnnnnnnnnnnnnnnnnnnnnnnnnnnnn
nnnnnnnnnnnnnnnnnnnnnnnnnnnnnnnnnnnnnnnn
nnnnnnnnnnnnnnnnnnnnnnnnnnnnnnnnnnnnnnnn

Nenne den Namen des Wortes, das sich unter den n versteckt hat!

In welchem Wort hörst du ein N? Kreise es ein!

Nebel  Nuss  Los  Note  Kopf  Anna  Tante  Bier
Nase  lesen Hut  Brunnen  Sonne Ball  Nele  Not

N Ni Nin Nina s so soll l le les lese lesen lernen

N Ne Nel Nele + N Ni Nin Nina lesen 

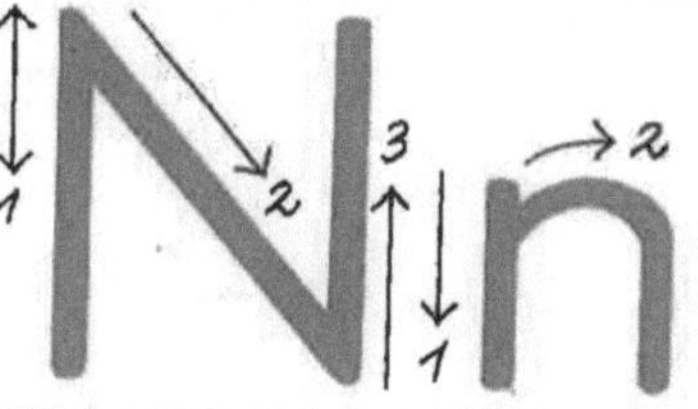

E Es Ese Esel e ess esse essen nasse N Ne Nesseln
e ess esse essen N Ne Ness Nesse Nesseln Esel? O

r  >ennen   N  >esseln   l  >esen   S  >onne   T  >ina
n            F            B          T          N

lesen ist toll      essen ist toll      sonnen ist toll
lernen ist toll     rennen ist toll     raten ist toll

Brenn-  nessel

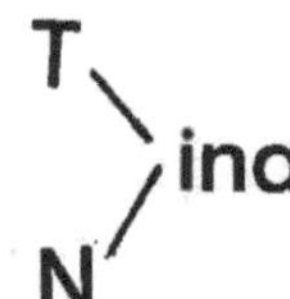

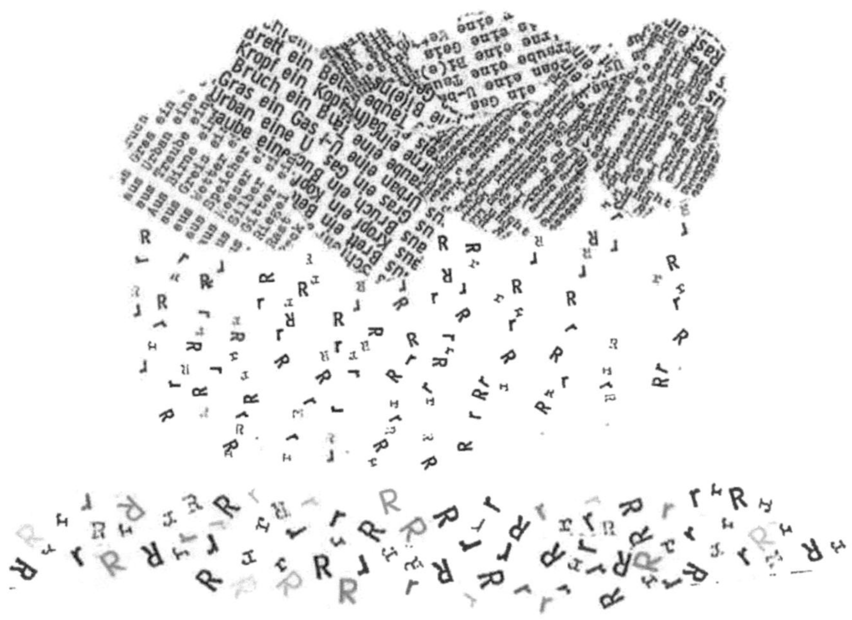



Roller   Teller   Wiese   Star   Herr   Waren   Rose   Hose
Tier   Wasser   Haus   Messer   Torte   Reise   Motor   Tor

R Re Rett Rette Retter r re rett retten R Re Res Resi
R Ra Ras Rase Raser r ra ras rase rasen r ra rastlos

N Na Narr Narre Narren i irr irre irren
R Ro Roll Rolle Roller r ro roll rolle rollen
R Ro Roll Rolle Roller r ro ros rost roste rosten



rennen O      tasten O      rasen O      treten O
nennen O      rasten O      lernen O      rennen O
Tannen O      rosten O      blasen O      beten O

 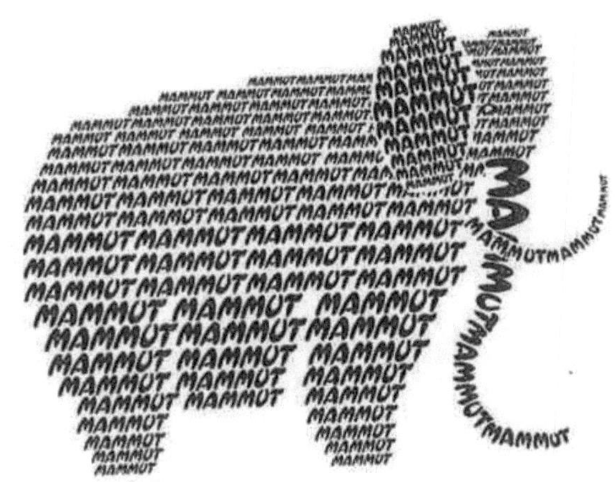 m

In welchem Wort hörst du ein M? Kreise es ein!

Meer   Hammer   Messer   Lamm   Haus   Mantel   Hof
Maus   Mann   Name   Stamm   Buch   Sommer   Mama

---

im Meer        im Arm        im Namen        im Mantel
am Motor       am Monitor    am Mast         am Stamm

mit Tim        mit Tom       mit Oma         mit Mama

---

Mama lebt in Rom            Oma lebt in Bremen
Mama lebt mitten in Rom     Oma lebt mitten in Bremen

bitte Mama nimm Oma + Mona mit
bitte Oma nimm Mimi + Tim mit

---

# Um



Ulm    Nuss    Hut    Bus    Saal    Blut    Ufer
Ursula    Nummer    Null    Fuß    Ball    Ute

t tu tut tute tutet tut tut tut tut tut
M Mo Mot Moto Motor Motore Motoren brummen

im Turm        am Turm        unterm Turm
im Brunnen     am Brunnen     unterm Brunnen

U

U

Uli ist in Ulm  Ulm  Ute ist in Ulm  Ulm
Uli + Ute t tu tur turn turne turnen
Uli + Ute t tu tur turn turne turnen in Ulm

Uli

Uli

In welchem Wort hörst du ein P? Kreise es ein!

Pause   Panne   Hupe   Lappen   Tafel   Tipp   Pilz
Peter   Puppe   Pinsel   Lippe   See   Papa   Panne

Pepe p pl pla plapp plappe plapper plappert pla pla

TREPPE
TREPPE
TREPPE
TREPPE
TREPPE
TREPPE
TREPPE
TREPPE
TREPPE
TREPPE
TREPPE
TREPPE
TREPPE
TREPPE
TREPPE
TREPPE
TREPPE
TREPPE
TREPPE
TREPPE

Opa isst   S Su Supp Suppe
Papa isst   S Su Supp Suppe
Pepe isst   S Su Supp Suppe

Pumpen pumpen plupp plupp
Presse presst P Pa Papp Pappe

alle s st sto stopp stoppe stoppen
Pepe s st sto stopp stoppt
Papa s st sto stopp stoppt
Opa s st sto stopp stoppt

FFFFF
FF
FF
FFFF
FF
FF
FF

Fifi

fff
ff
ffff
ff
ff
ff

In welchem Wort hörst du ein F? Kreise es ein!

Fifi   Ofen   Affe   Fenster   Saft   Luft   Elefant
Huf   Buch   Ruf   Stoff   Saal   Tafel   Foto

F Fa Fann Fanni r ru ruf ruft F Fi Fif Fifi
F Fi Fif Fifi b be bell bellt F Fa Fann Fanni an

| F | A | D | O | S | F |
|---|---|---|---|---|---|
| Fa | Aff | Do | Of | Sa | Fi |
| Fall | Affe | Dor | Ofe | Saf | Fil |
| Falle | Affen | Dorf | Ofen | Saft | Film |

Ordne die Wörter den Bildern zu!

Affe

Tafel

Saft

Elefant

Wikipedia

In welchem Wort hörst du ein D? Kreise es ein!

Dorf   Dame   Hand   du   Datum   Dose   da
Laden   Haus   Datum   Geld   Durst   Darm

| D | D | G | D | M |
|---|---|---|---|---|
| Da | Do | Ge | Da | Mo |
| Dam | Dos | Gel | Dat | Mod |
| Dame | Dose | Geld | Datum | Mode |

im D Di Da Dorf di da darf Fifi bi ba bellen
im D Di Da Dorf di da duften R Ri Ra Rosen
im D Di Da Dorf di da darf man ri ra reden

D
d

Kreuze die Wörter an, die sich reimen!

| Fund ○ | Sand ○ | Dame ○ | Dose ○ |
|---|---|---|---|
| Sand ○ | Band ○ | Rose ○ | Rose ○ |
| Mund ○ | Dorn ○ | Name ○ | Dorn ○ |

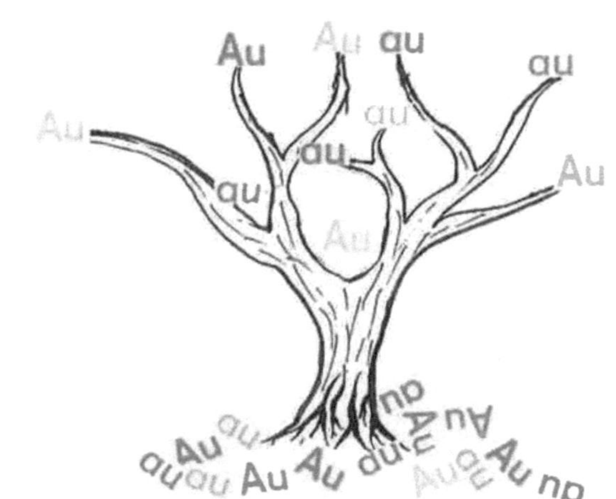

# Au    au

# Baum



Auto    Stau    Pause    Glas    Frau    Mauer
Baum    Buch    Aufzug    Bauer    Tau    blau

| Au | Tr | B | S | St | F |
|---|---|---|---|---|---|
| Aut | Trau | Bau | St | Stau | Fr |
| Auto | Traum | Baum | Stau | Staub | Frau |

Au
au

l lau lauter l lau laute Au Au Autos

M Ma Maurer b ba bauen M Ma Mauern auf
auf der M Ma Mauer l la lauern T Ta Tauben



| Stau | O | Baum | O | Maus | O | Laub | O |
|---|---|---|---|---|---|---|---|
| Frau | O | Sturm | O | Saus | O | Staub | O |
| Bau | O | Traum | O | Mode | O | Raub | O |
| Bild | O | Raum | O | Laus | O | Stab | O |

HAUSHAUSHAUSHAUSHAUS
HAUSHAUSHA  USHAUSHA
HAUSHAUS        HAUSHAU
HAUSHA    o    USHAUS
HAUSH              AUSHA
HAUS              HAUS
HAUS              HAUS
HAUS              HAUS
HAUS              HAUS
HAUSHAUS    HAUSHAUS
HAUSHAUSHAUSHAUSHAUS
HAUSHAUSHAUSHAUSHAUS

## HAUS

In welchen Wörtern hörst du ein H? Kreise es ein!

| Haus | Hand | Hose | Land | Haar | Henne | Hof |
|---|---|---|---|---|---|---|
| Tier | Hund | Hemd | Hals | Tor | Halle | Haut |

h ha hallo, H He Herr H ha Haus-Ha Hammer
h ha hallo, Fr Frau H Hun Hund-Ha Hammer

h ha hallo, H He Herr H ha Haus-Ha Hammer
h ha hallo, Fr Frau H Hun Hund-Ha Hammer

im Hof sind h hu hun hundert H He Hennen
im Hof h ho hoppe hoppeln H Ha Has Hasen

Ein Schnellsprechvers zum Vorlesen und auswendig lernen!

Hundert Hasen hoppeln um Herrn Hermanns Haus herum.
Um Herrn Hermanns Haus hoppeln hundert Hasen rum.

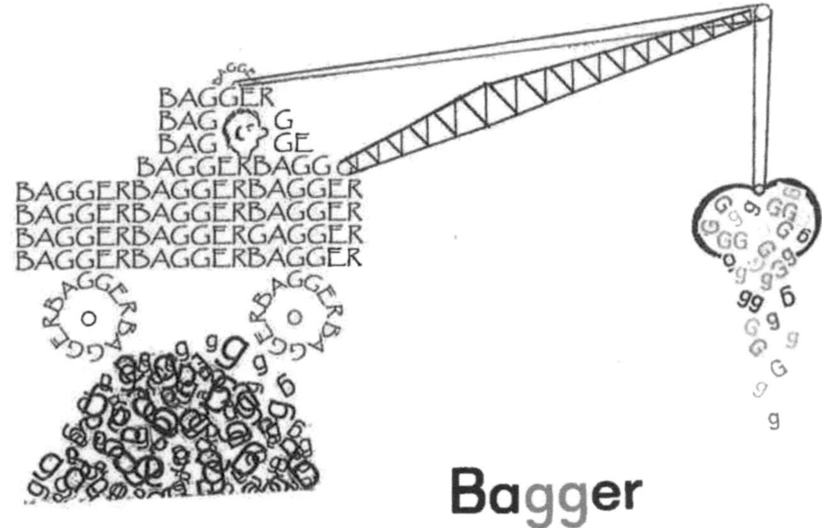


## Bagger

In welchen Wörtern hörst du ein G? Kreise es ein!

Garten   Gabel   Bagger   Tafel   Gras   Tag   Glas
Magen   Bett   Wagen   Gott   Lager   Frage   Gas

Gi Ga Gabi si sa sagt gi ga guten Mi Ma Morgen
Gi Ga Gerd si sa sagt gi ga guten A A Abend

G
g

Verbinde die richtigen Silben!

| Gra | bel | | sa | ben |
| Ma | ben | | tra | gen |
| Bag | gen | | gra | gen |
| Gar | ger | | na | ben |
| Ga | ten | | ge | gen |

In welchen Wörtern hörst du ein W? Kreise es ein!

Weg  Wasser  Wellen  Tor  Wald  Wind  wo
erwarten  Winter  Wand  Stadt  Wurm  Wort

Wi  Will  Willi  wi  will  a  all  alles  wi  wiss  wissen
im  Wi  Wa  Wald  w  we  weht  der  Wi  Win  Wind

W

W

Verbinde die richtigen Silben!

| Wa | ge |
| Ta | gen |
| Wa | ser |
| Was | ter |
| Wet | ren |

| wa | dern |
| war | gen |
| wan | nen |
| war | hen |
| we | ten |

WA≈ER

Reime!

| Wort | Wall | Wand | Wolle | Weg | Watte | Welle |
| Sp__ | St__ | H___ | R___ | St__ | M___ | St__ |

fliegenfliegenfliegenfliegenfliegen

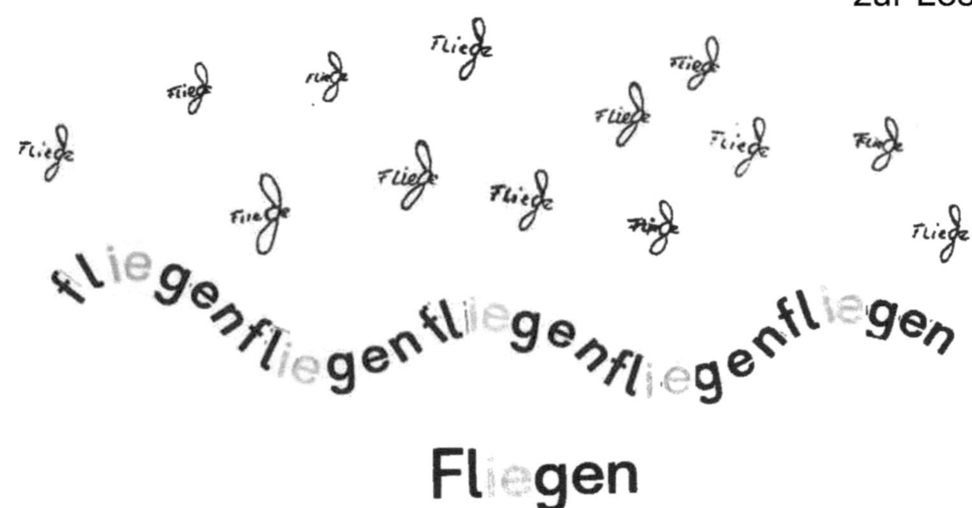

# Fliegen

**In welchen Wörtern hörst du ein ie? Kreise es ein!**

| | | | | | |
|---|---|---|---|---|---|
| Fliege | Biene | Dieb | Miete | Stier | Lied |
| Tafel | Stiege | Niere | Tier | Flieger | Riese |

Flie Fla Fliegen flie fla fliegen hinter Fliegen
Sieben Rie Ra Riesen liegen auf der Wiese

ie

**Verbinde die richtigen Silben!**

| | |
|---|---|
| Flie | gel |
| Rie | ne |
| Mie | se |
| Rie | te |
| Bie | ge |

| | |
|---|---|
| flie | ten |
| mie | gen |
| flie | ben |
| lie | nen |
| die | hen |

**Reime!**

| Fliege | Bier | Dieb | fliegen |
|---|---|---|---|
| L_____ | St___ | S___ | b_____ |
| St____ | T____ | H___ | l_____ |
| W____ | G____ | Tr__ | w_____ |

## Clown

| | | | |
|---|---|---|---|
| Cl | c | K | Au |
| Clo | ch | Kl | Aug |
| Clow | chi | Klei | Auge |
| Clown | chic | Kleid | Augen |

Unser C-Clown hat ein chices C-Kleid an.
Mit einer C-Blume und C-Augen
steht er seinen Mann.

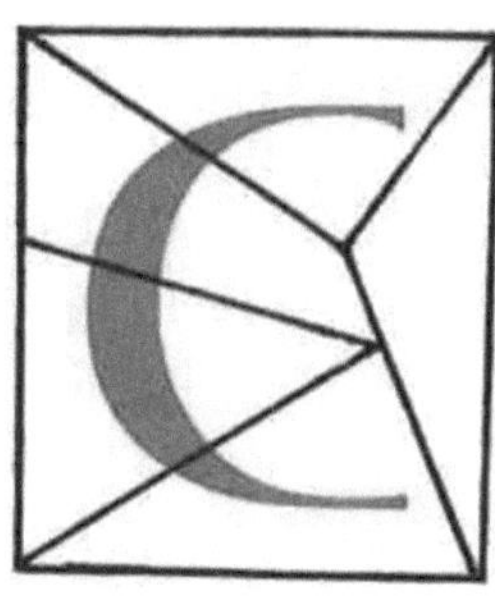

Ein Puzzle zum selber gestalten!

Du kannst diesen Buchstaben
ausschneiden oder selber Puzzle
gestalten. Je kleiner die Teile
sind oder je mehr Buchstaben
du zusammen nimmst, um so
schwerer wird die Lösung.

**Buch**

In welchen Wörtern hörst du ein ch? Kreie es ein!

Buch    Licht    Baum    Nacht    Bauch    Dach
Feuer    Bach    Rauch    Kuchen    Sicht    Fach

ich su sa suche me mei mein Bi Ba Buch
ins Loch kri kra kroch der Mi Ma Molch

ch

Verbinde die richtigen Silben!

| su | ten |
|---|---|
| rie | sen |
| ach | chen |
| rech | chen |
| wach | nen |

| Re | che |
|---|---|
| Bech | chen |
| Wo | ner |
| Spra | er |
| Rech | che |

Kreuze die Wörter an, die sich reimen!

Bach O    Bauch O    Licht O    Nacht O
Haus O    Rauch O    Sicht O    Buch O
Dach O    Maus O    Wicht O    Fracht O

Loch    Kuchen    bre chen    

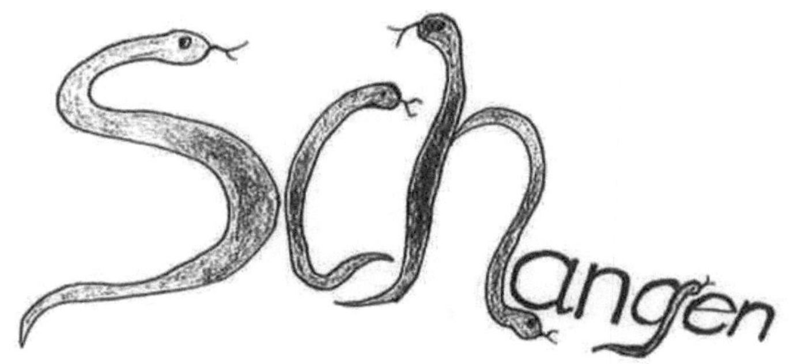

## Schlangen

In welchen Wörtern hörst du ein **sch**? Kreise es ein!

Schlange    Tausch    Schule    Dusche    Schal
Tisch    Schrank    Schale    Haut    Schuh    Tal

| T | F | Sch | Sch | Sch |
|---|---|---|---|---|
| Ti | Fi | Scha | Scha | Schi |
| Tisch | Fisch | Schal | Schaf | Schiff |

Sch

sch

Verbinde die richtigen Silben!

| Ta | le | | lau | en |
|---|---|---|---|---|
| Schrau | sche | | schaf | schen |
| Scha | ge | | schau | fen |
| Schlan | re | | schla | ben |
| Sche | be | | schrei | gen |

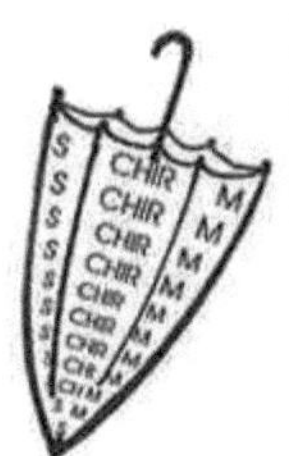

Reime!

Schaum    Tasche    Tisch    Schiff    Fischer
B______    Fl____    F___    Gr___    M______

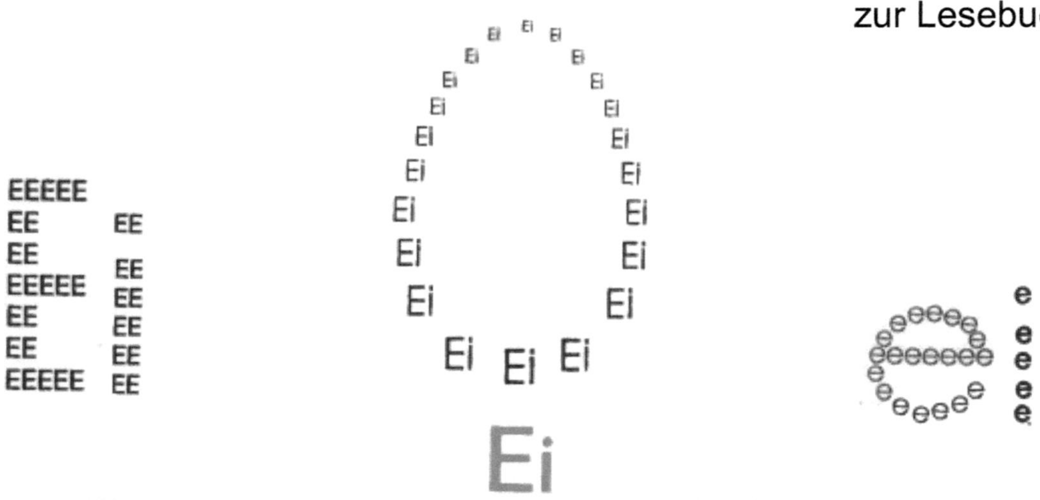

## Ei

In welchen Wörtern hörst du ein ei? Kreise es ein!

Eimer   Eis   Scheibe   Busch   Schule   Eile
Streit   Teil   Fliege   Reiter   Leiter   Schreiben

| Ei | L | R | St | G |
|---|---|---|---|---|
| Eim | Lei | Rei | Str | Gei |
| Eime | Leit | Reit | Strei | Geig |
| Eimer | Leiter | Reiter | Streit | Geige |

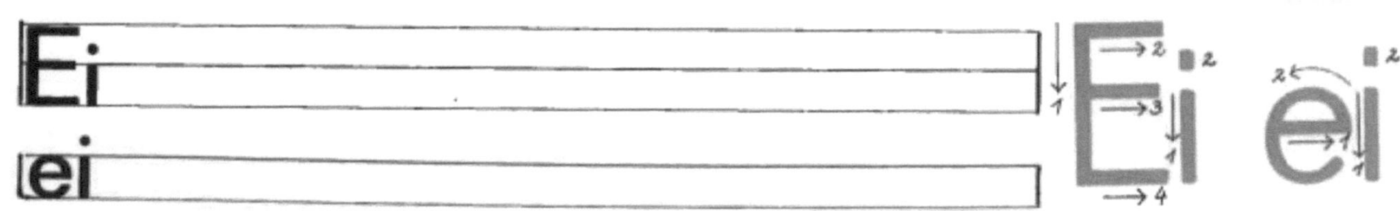

Verbinde die richtigen Silben!

| Gei | be |
|---|---|
| Lei | tag |
| Frei | ter |
| Schei | ge |

| ei | ben |
|---|---|
| schrei | ten |
| schnei | len |
| strei | den |

Kreuze die Wörter an, die sich reimen!

Teil   O    Leiter   O    Schrei   O    schreiben   O
Seil   O    Hose   O    Brei   O    bleiben   O
Ball   O    Reiter   O    Bett   O    treiben   O

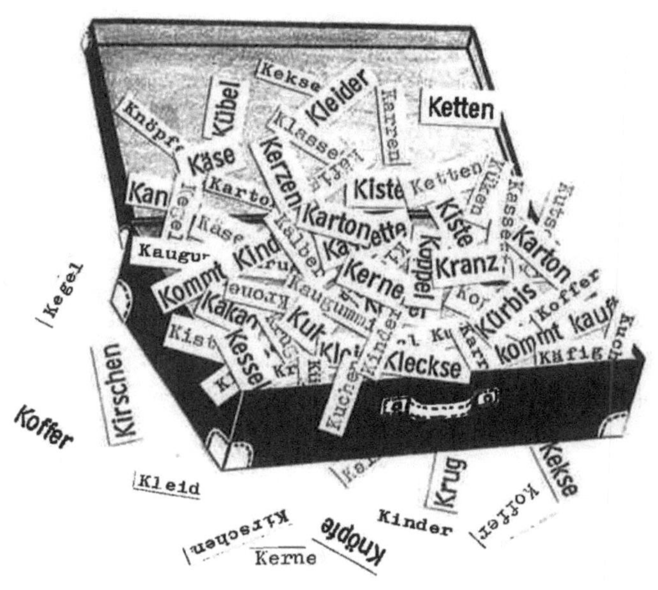



# Ein Koffer mit K-Wörtern

---

**In welchem Wort hörst du ein K? Kreise es ein!**

Koffer    Kuchen    Kamm    Wasser    Kalk    Bank

Kopf    Schrank    Kiste    Tank    Rakete    krank

---

K

k

---

**Kreuze alle Wörter an, die sich reimen!**

| | | | | | | | |
|---|---|---|---|---|---|---|---|
| denken | O | trinken | O | Bank | O | Klasse | O |
| lenken | O | tanken | O | Schrank | O | Kasse | O |
| turnen | O | blinken | O | Dank | O | Bank | O |
| senken | O | hinken | O | Wand | O | Tasse | O |

---

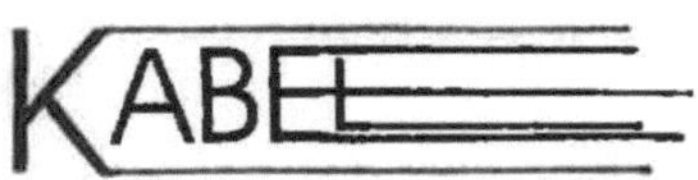


Haken

# Zebra auf Zebra-Streifen

In welchen Wörtern hörst du ei Z? Kreise es ein!

Zebra   Zeit   Pilz   Zeile   Weg   Holz   Ziel
Ziege   Zahn   Salz   Zunge   Zeiger   Zimmer

| Z | Z | P | Z |
|---|---|---|---|
| Za | Zei | Pi | Zei |
| Zah | Zeil | Pil | Zeil |
| Zahn | Zeile | Pilz | Zeile |

im Zi Za Zimmer tanzen zehn Zie Za Ziegen
mir zog der Zahn-Arzt mit der Zange den Zahn

Z
z

Kreuze die Wörter an, die sich reimen!

ZWILLING   ZWILLING   Zunge O   Zahn O   Zahl O   Zeile O
Lunge O   Zeit O   Stahl O   Bad O
Auto O   Bahn O   Rad O   Feile O

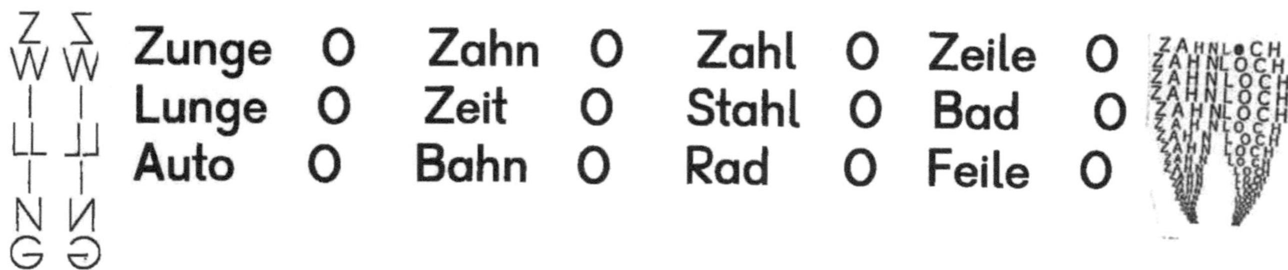

# Katzen kratzen

In welchem Wort hörst du ein tz? Kreise es ein!

Katze   Tatze   Blitz   Hitze   Tafel   Schutz   Satz
Platz   Spatz   Sitz   Schmutz   Haus   Klotz   Latz

| K | P | H | Kr |
|---|---|---|----|
| Ka | Pl | Hi | Kra |
| Katz | Pla | Hitz | Kratz |
| Katze | Platz | Hitze | Kratzer |

tz

Zeichne!

| | | |
|---|---|---|
| eine Katze | einen Spatz | einen Blitz |

# Ä  ä

## Äpfel

In welchem Wort hörst du ein Ä? Kreise es ein!

| Äpfel | Äste | Täter | Säge | Ast | Ärger | Täter |
|---|---|---|---|---|---|---|
| Mädchen | Käse | Baum | Käfer | Wärme | Bär | |

| Ä | K | Ä | S |
|---|---|---|---|
| Äpf | Kä | Äs | Sä |
| Äpfe | Käf | Äst | Säg |
| Äpfel | Käfer | Äste | Säge |

**Ä**
**ä**

Ä Äpf Äpfe Äpfel hängen an den Ä Äst Ästen
z zä zäh s sä säg sägen S Sä Säg Säg Sägen

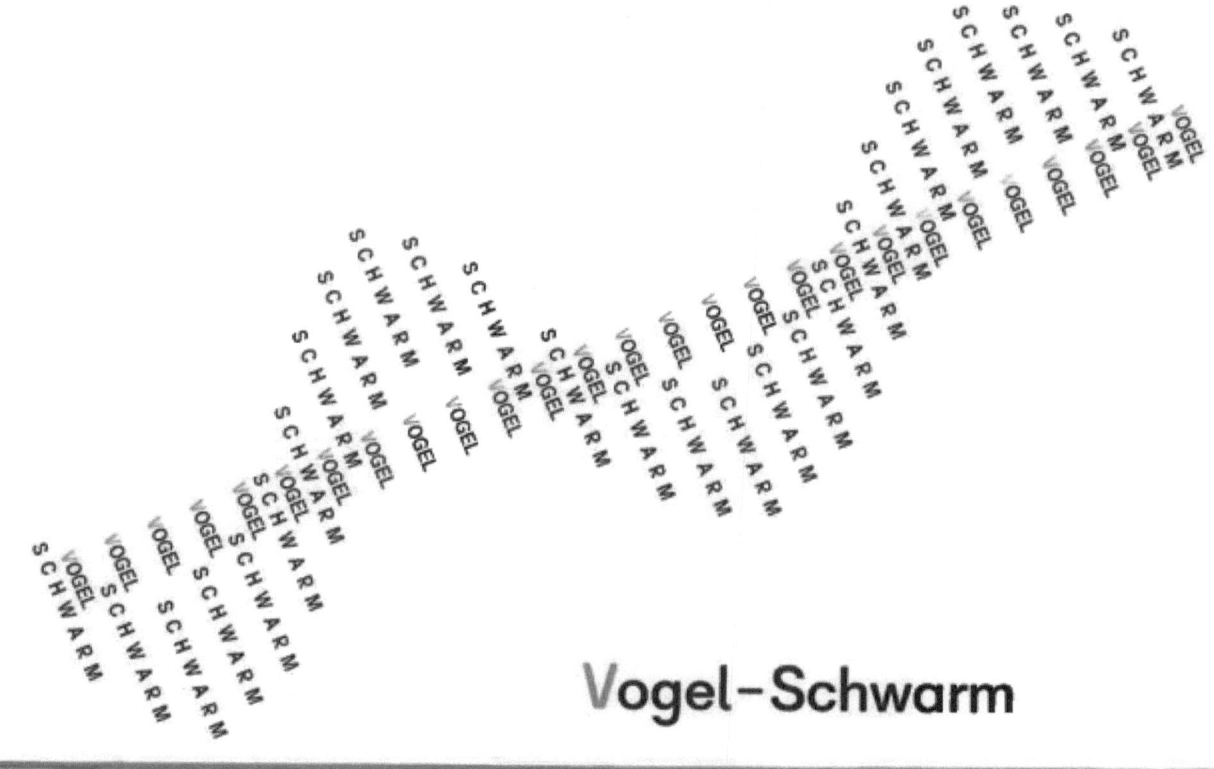


## Vogel-Schwarm

| V | K | V | V |
| Vo | Kl | Va | Vi |
| Vog | Kla | Vat | Vid |
| Voge | Klav | Vate | Vide |
| Vogel | Klavier | Vater | Video |

VOLLMOND

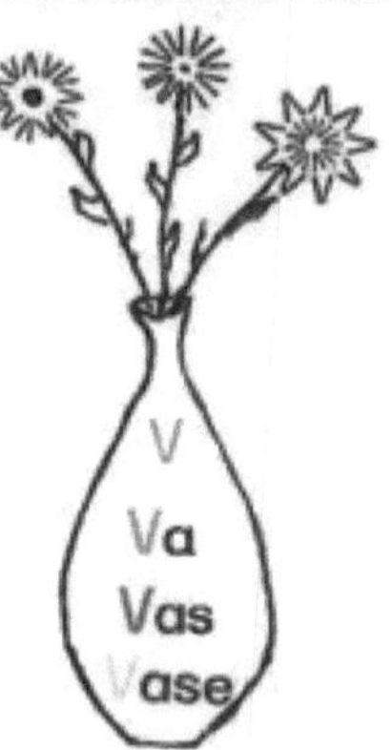

# Brücke

In welchem Wort hörst du ein Ü? Kreise es ein!

Brücke   Übung   Flügel   Wald   Lücke   Tür   Glück   Blüte

Ü

ü

| T | M | N | Br | H |
|---|---|---|---|---|
| Tü | Mü | Nü | Brü | Hü |
| Tür | Mütz | Nüss | Brück | Hüt |
| Türe | Mütze | Nüsse | Brücke | Hüte |

| ① | ② | ③ | ④ | ⑤ |
|---|---|---|---|---|
| Hüte O | Nüsse O | Brücke O | Türe O | Mütze O |

| G | L | D | W | B |
|---|---|---|---|---|
| Gl | Lü | De | We | Bä |
| Glü | Lück | Deck | Weck | Bäck |
| Glück | Lücke | Decke | Wecker | Bäcker |

Kreuze die Wörter an, die sich reimen!

| Decke | O | Wecker | O | Lücke | O | Rücken | O |
|---|---|---|---|---|---|---|---|
| Hecke | O | Wasser | O | Stücke | O | Brücken | O |
| Lücke | O | Stecker | O | Brücke | O | Mücken | O |

**Pf**

Pfau

In welchem Wort hörst du ein pf? Kreuze es an!

| Pfau | Kampf | Pfote | Kopf | Tropfen | Napf |
| Gipfel | Pferd | Apfel | Pfiff | Topf | Pflanze |

| Pf | A | Pf | D | Pf |
| Pfe | Apf | Pfo | Da | Pfi |
| Pfer | Apfe | Pfot | Dam | Pfiff |
| Pferd | Apfel | Pfote | Dampf | Pfiffe |

Pf

pf

der Topf

tropft

K●pf

Kreuze die Wörter an, die sich reimen!

| Topf | O | tropfen | O | Pfau | O |
| Kopf | O | hupfen | O | Frau | O |
| Knopf | O | klopfen | O | Topf | O |
| Napf | O | stopfen | O | Stau | O |

Jaguar

In welchem Wort hörst du ein J? Kreise es ein!

| Januar | Junge | Jagd | Haus | Juni | Jugend |
| --- | --- | --- | --- | --- | --- |
| Jäger | Juli | Jaguar | Jahr | Bach | jeder jetzt |

| J | J | j | j |
| --- | --- | --- | --- |
| Ja | Ja | ja | ju |
| Jag | Jan | jamm | jub |
| Jagu | Janu | jamme | jube |
| Jagua | Janua | jammer | jubel |
| Jaguar | Januar | jammern | jubeln |

Ju Ju Jutta ju ju jubelt je je jetzt
jeder Jahr beginnt mit dem Januar

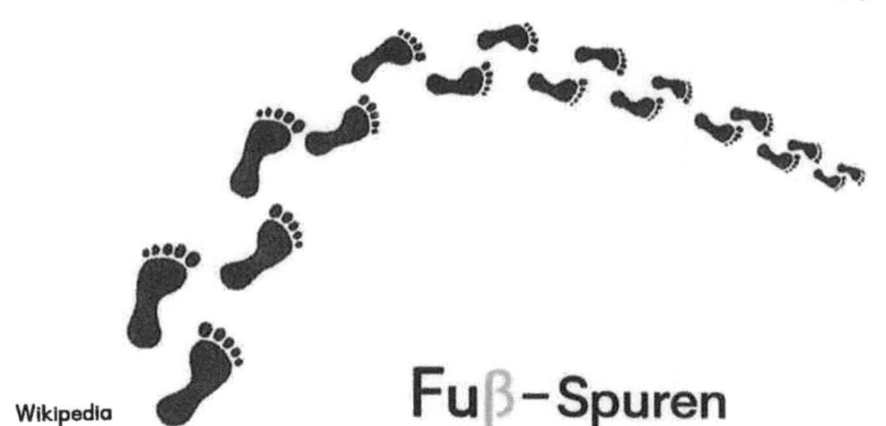

# Fuß-Spuren

| F | S | S | B | g |
|---|---|---|---|---|
| Fl | So | Sp | Bu | gr |
| Flei | Soß | Spie | Buß | gro |
| Fleiß | Soße | Spieß | Buße | groß |

**ß**

---

| Verbinde die richtigen Satzteile! | Kreuze die Wörter an, die sich reimen! |
|---|---|

| | | | |
|---|---|---|---|
| Ein Schneeball ist | heiß. | fließen | O |
| Ein guter Schüler ist | groß. | gießen | O |
| Ein Tee ist | fleißig. | sprießen | O |
| Ein Riese ist | weiß | laufen | O |
| | | schließen | O |
| | | schlafen | O |

fleißige Bienen genießen

In welchem Wort hörst du ein qu? Kreise es ein!

Quelle  quaken  Qualen  quälen  Qualle  Tal
Quirl  Quark  Quitte  Haus  Quadrat  Qualm

| Qu | Qu | Qu | Qu |
|---|---|---|---|
| Que | Qua | Qua | Qui |
| Quell | Quar | Qual | Quitt |
| Quelle | Quark | Qualm | Quitte |

Qu

qu

Qu

Quak, quak, quak, quakt`s an der Quelle Tag für Tag.

Verbinde die richtigen Satzteile!

| | |
|---|---|
| An der Quelle | Quitten-Quark. |
| Der Ofen | quaken Frösche. |
| Der Quirl quirlt | ein Quadrat. |
| Kinder falten | qualmt. |

## Max ohne Moritz

In welchem Wort hörst du ein X? Kreise es ein!

Max    Mixer    Taxi    Wald    Hexe    Axel    Faxen
X-beine    Xanten    Axt    fix    Text    Praxis    Fax

| H | X | T | M |
|---|---|---|---|
| He | Xa | Te | Mi |
| Hex | Xav | Tex | Mix |
| Hexe | Xaver | Text | Mixer |

Max faxt Texte durchs Fax.

Xaver fährt fix mit dem Taxi.

Hexen verhexen Hexen in Xanten.

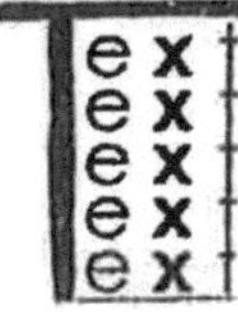

# Y y

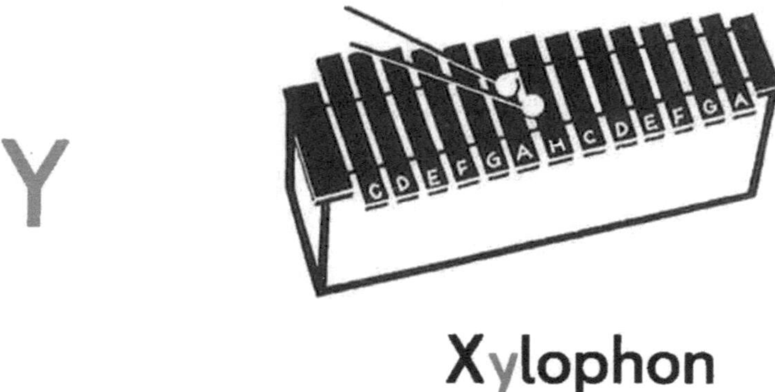

## Xylophon

In welchem Wort hörst du ein Y? Kreise es ein!

| | | | | | |
|---|---|---|---|---|---|
| Xylophon | Pyramide | Zylinder | Tafel | Pony | Baby |
| Yoga | City | Gymnastik | Bayern | Ball | Yeti | Asyl |

| Y | B | Y | A |
|---|---|---|---|
| Ye | Ba | Yo | As |
| Yet | Bab | Yog | Asy |
| Yeti | Baby | Yoga | Asyl |

Y

y

Das Ypsi Ypsa Ypsilon
befindet sich Lydia und Yvonne.

| Lydia spielt | übt Yoga. |
|---|---|
| Ein Syrer | ihren Teddy. |
| Yvonne sucht | auf dem Xylophon. |
| Ein Bayer | sucht Asyl. |

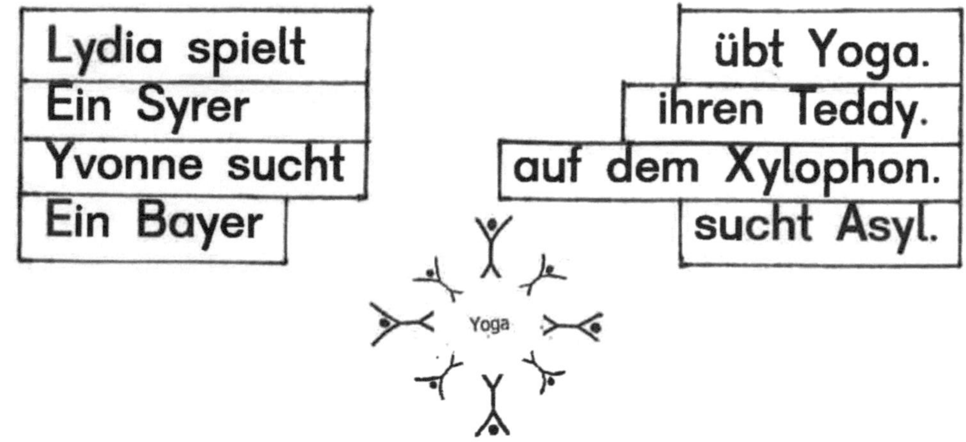

Eulen          heulen

In welchem Wort hörst du ein eu? Kreise es ein!

Eule    Feuer    Haus    Heu      Eugen      Scheune
Beute   Leute    Euro    Zeuge    Leuchte    heute

| Eu | L | F | B |
|------|------|------|------|
| Eul | Leu | Feu | Beu |
| Eule | Leut | Feue | Beul |
| Eulen | Leute | Feuer | Beule |

Eu

eu

Neulich heulten Eulen abscheulich.

Verbinde die richtigen Satzteile!

| | |
|------|------|
| Eulen heulen | leuchtet. |
| Feuer | um neun Uhr. |
| Zeugen | das Feuer. |
| Eugen löscht | bezeugen. |

In welchem Wort hörst du ein Ö? Kreise es ein!

| Vögel | Flöte | hören | Schule | Störche | Öl |
| Töne | Römer | Röhre | Haus | Löffel | Höhle |

| V | L | F | H |
|---|---|---|---|
| Vö | Lö | Fl | Hö |
| Vög | Löff | Flö | Hoh |
| Vöge | Löffe | Flöt | Höhl |
| Vögel | Löffel | Flöte | Höhle |

Ö
ö

Verbinde die richtigen Satzteile!

| Störche mögen | schöne Töne. |
| Mit den Ohren | Frösche. |
| In der Höhle | Vögel. |
| Katzen stören | hören wir Töne. |
| Eine Flöte erzeugt | leben Flöhe. |

| 1 | 1 1 |
|---|---|
|   | 1 + 1 + |
|   | 1 = 1 = |
| 2 | 2  2 |
|   | 2 - 2 - |
|   | 22 = 22 = |
| 3 | 3 3 |
|   | 3 + 3 + |
|   | 3 = 3 = |
| 4 | 4 4 |
|   | 4 - 4 - |
|   | 4 = 4 = |
| 5 | 5 5 |
|   | 5 - 5 - |
|   | 5 = 5 = |
| 6 | 6 6 |
|   | 6 - 6 - |
|   | 6 + 6 + |

| 7 | 77 |
| | 7 + 7 + |
| | 7 = 7 = |
| 8 | 88 |
| | 8 − 8 − |
| | 8 = 8 = |
| 9 | 99 |
| | 9 + 9 + |
| | 9 − 9 − |
| 10 | 10, 10, |
| | 10 + 10 + |
| | 10 − 10 − |
| | 2 + 2 = 4, |
| | 3 + 1 = 4, |
| | 3 + 3 = 6, |
| | 4 + 4 = 8, |
| | 5 + 5 = 10 |

# Spiele zum Selbermachen:

Dieses Spiel kannst du selber machen!
Schneide einfach Buchstaben aus Zeitschriften aus oder zeichne sie!
Deine nächste Party wird dann bestimmt nicht langweilig. Du kannst
auch Preise aussetzen (z.B. Schnellsten ...)

# Aus Buchstaben kannst du Blumen gestalten:

# Aus Buchstaben werden Gestalten:

Ein Clown aus lauter C.

Otto und sein Hund aus lauter O.

# Aus Buchstaben werden Gestalten:

## Hexen und Nixen aus lauter X

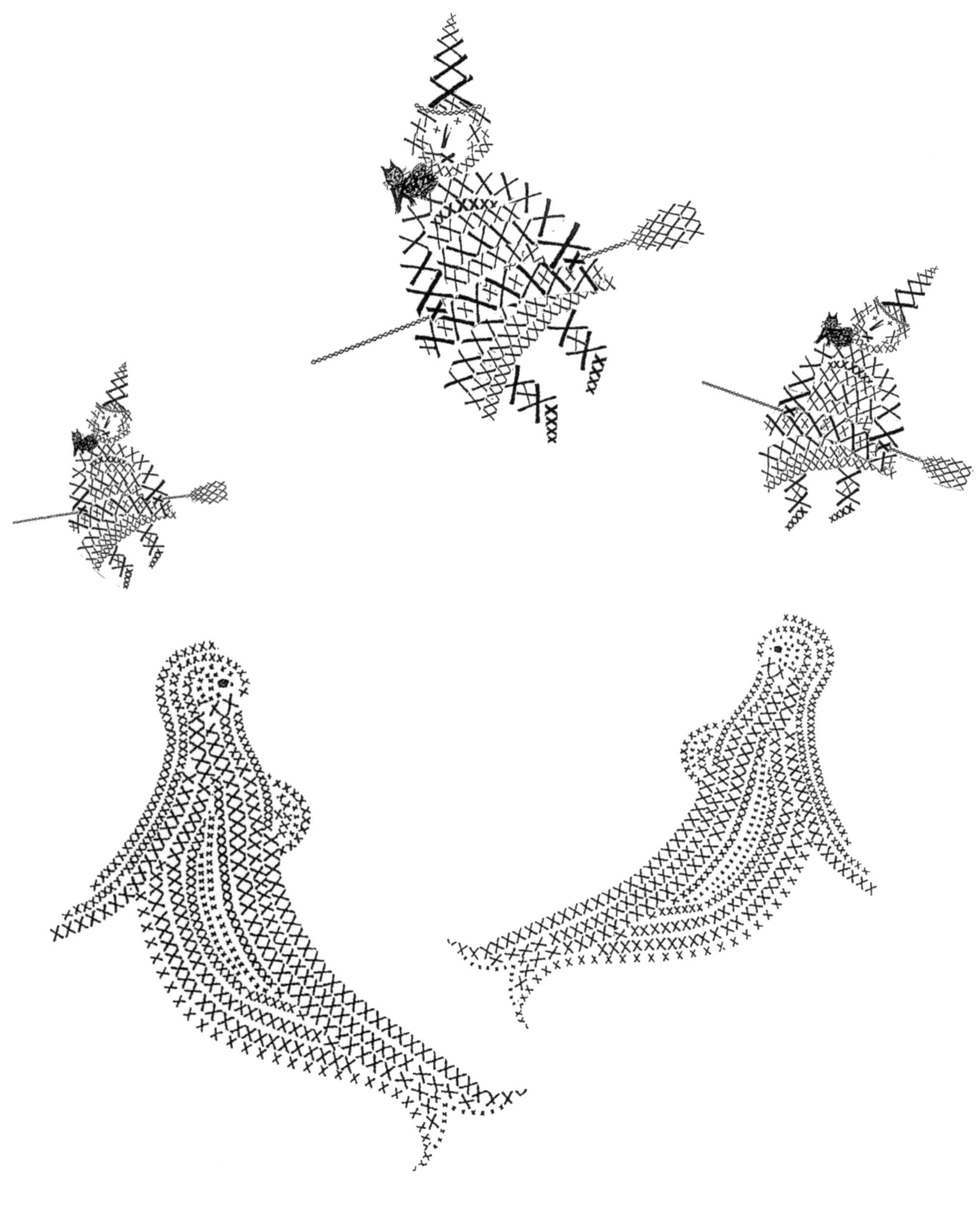

# Wörter kannst du auch bildhaft gestalten:

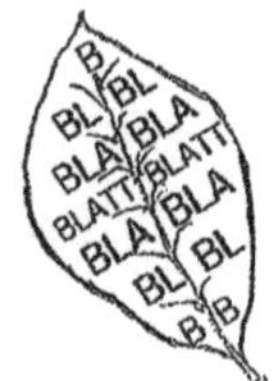

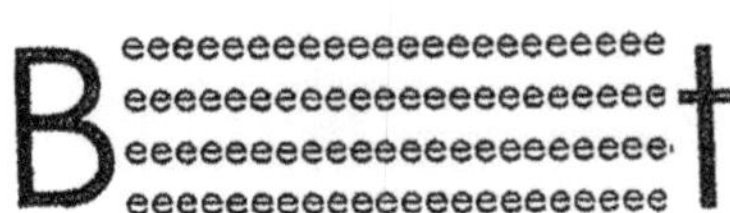

zündeln

Kna 

Haken

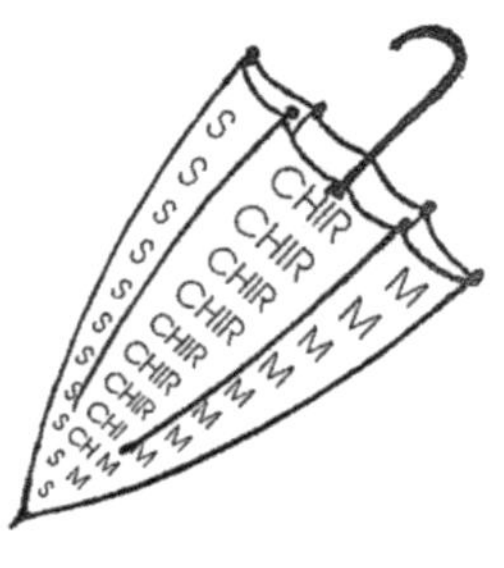


Raupe

Frösche

L cke
ü

Gartttttttttttttttttttttttttenzaun

Lue

ver

# Aus Buchstaben werden Bilder:

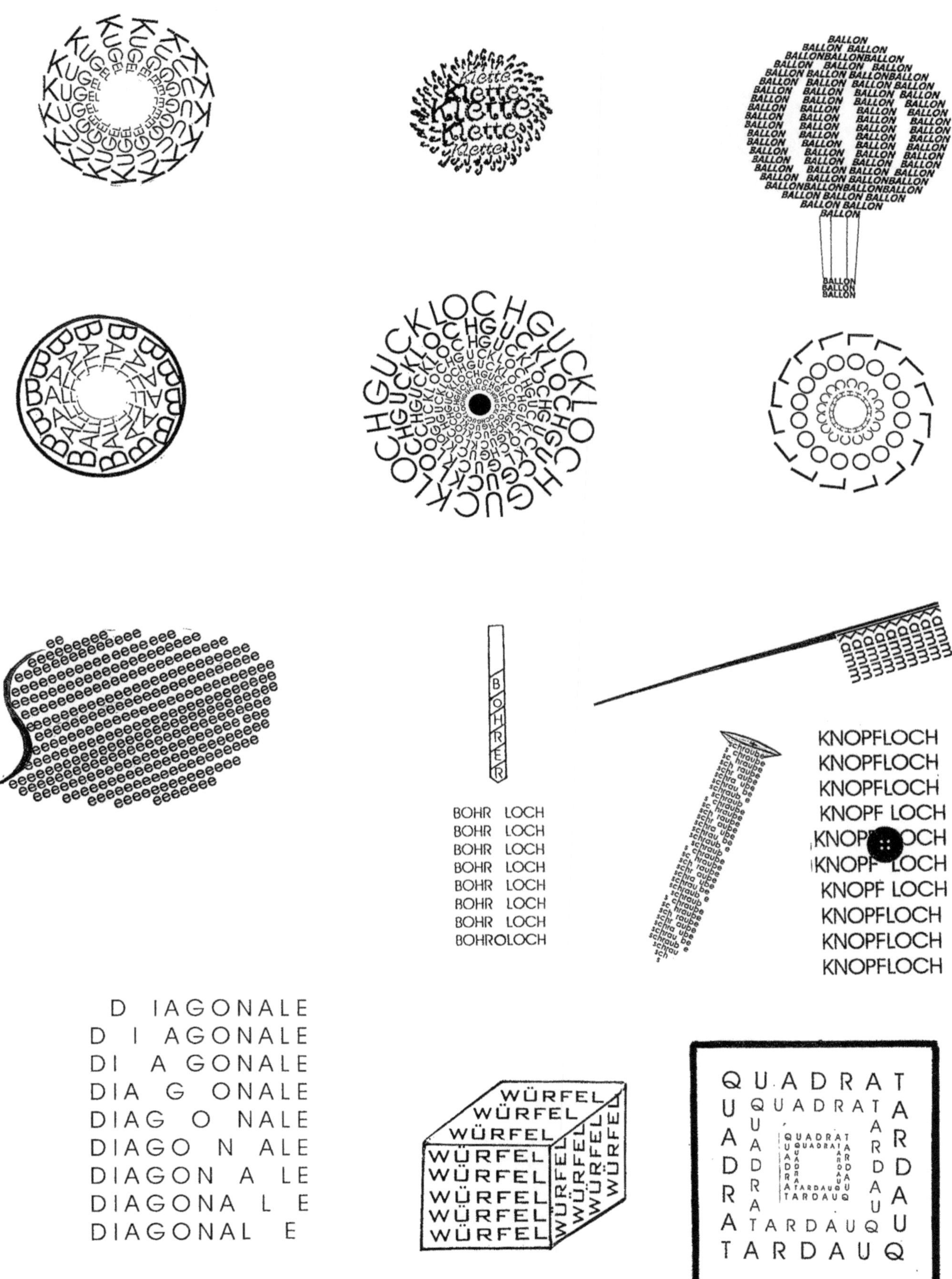

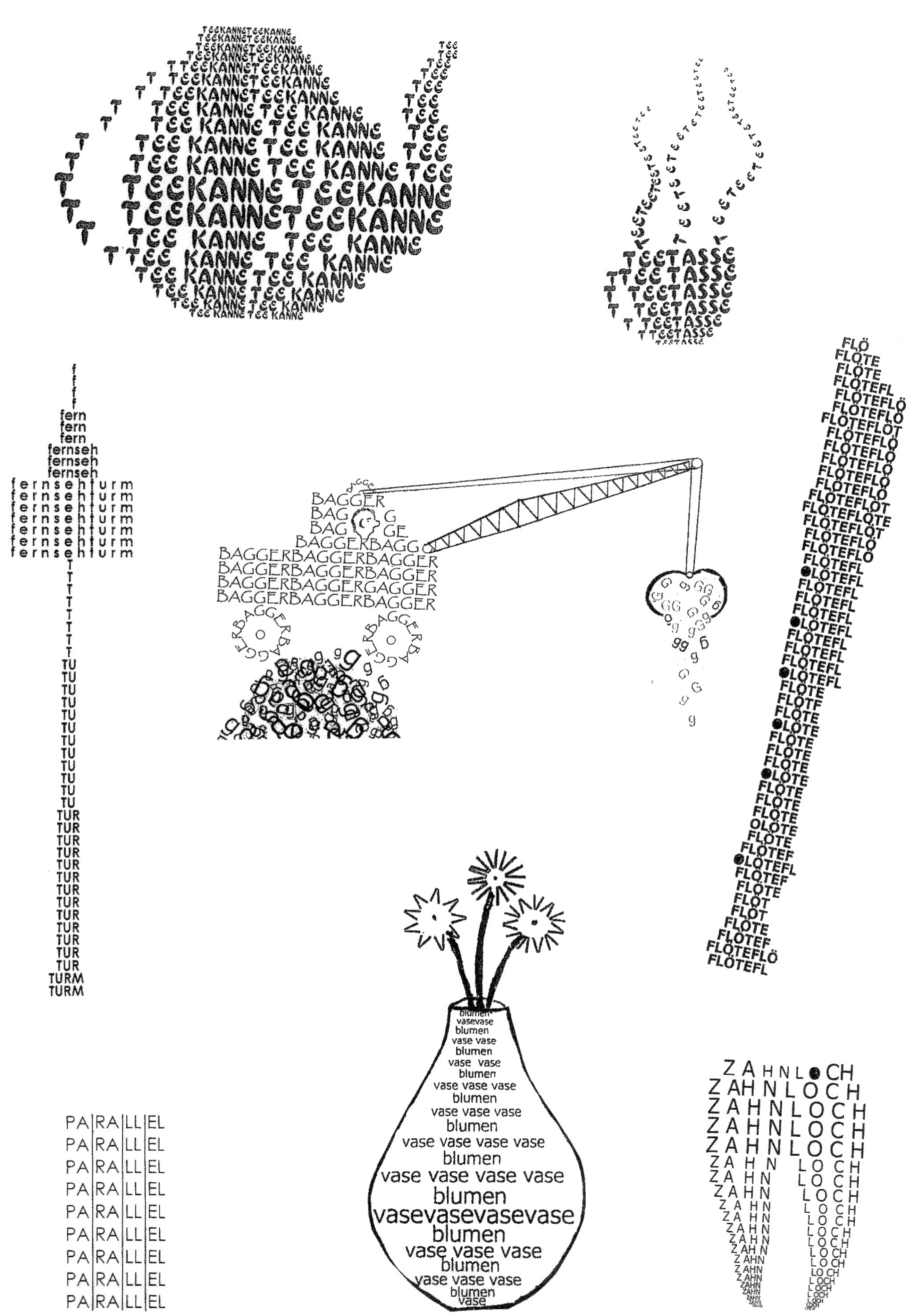

TEEKANNE
TEETASSE
fernsehturm
fern
fernseh
fernsehturm
T TU TUR TURM
BAGGER
BAGGERBAGGERBAGGER
FLÖTE
FLÖTEFLÖ
vase vase
blumen
vasevasevasevase
PARALLEL
ZAHNLOCH

**Mit Wörtern kannst du herrlich spielen.
Probiere es einmal mit Schnellsprechversen:**

Nicht-Taschenrechner-Rechner
rechnen beim Rechnen
rechnerisch schlechter
als Taschenrechner-Rechner.
Rechnerisch schlechter
rechnen beim Rechnen
Nicht-Taschenrechner-Rechner
als Taschenrechner-Rechner.

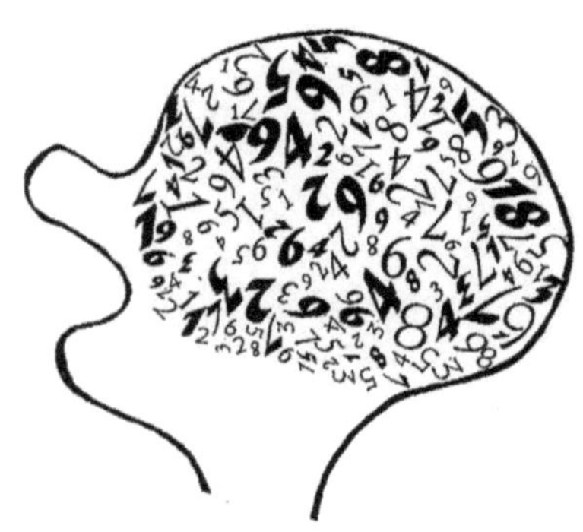

Heike teilt zweifelsfrei ein, zwei, drei Eier an der Teigschüssel entzwei. An der Teigschüssel teilt Heike zweifelsfrei ein, zwei, drei Eier entzwei.

Kreise kreisen um Kreise,
bis der kreisende Kreis
den kleinsten Kreis
nicht mehr umkreist.
Nicht mehr umkreist
den kleinsten Kreis
der umkreisende Kreis.

Trommelnde Trommler trommeln auf Trommeln
tolle Trommeltöne.
Tolle Trommeltöne trommeln aus Trommeln
trommelnde Trommler.

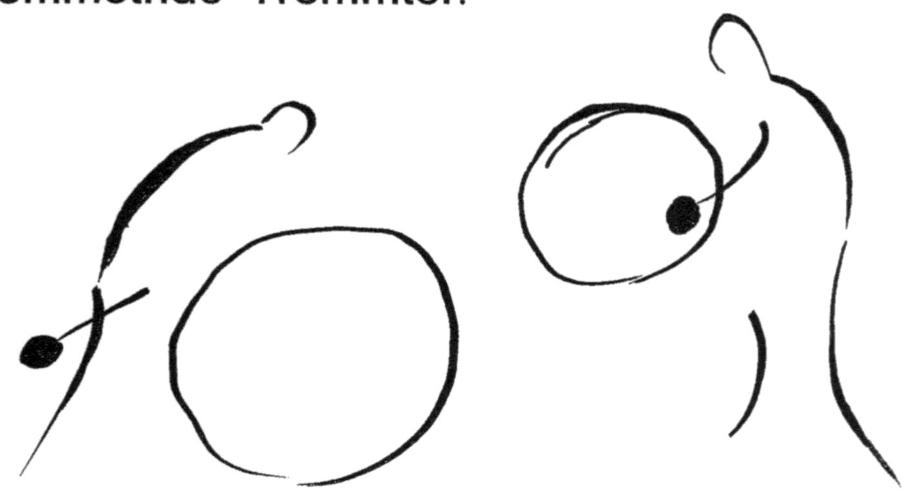

Fast unsichtbar
ist auf der Jagd
ein Jaguar.

Pferd
Pferd
Pferd
Esel
Giraffe
Nashorn
Krokodil
Eidechse
Otter
Elefant
KatzeKatze
Katze Katze
Katze Katze
Katze Katze
KatzeKatze
Katze Katze Katze
KatzeKatzeKatzeKatze
Katze Katze Katze Katze
KatzeKatze KatzeKatze
Katze Katze KatzeKatze        Katzen-
Katze Katze KatzeKatze        schwanz
KatzeKatzeKatzeKatze          Katzen-
Katze KatzeKatze Katze Katze  schwanz
KatzeKatzeKatzeKatze          schwanz
Katze Katze KatzeKatze   Katzen-
KatzeKatzeKatzeKatze     schwanz
KatzeKatze Katze Katzen-